Today is a new day start it with
BISMILAH
end it with
ALHAMDOULILAH

This Journal
Belong To :

. . . .

My Umrah Journey

FROM .... UNTIL ....

YA ALLAH

Planing

WHEN :	LOCATION :
TRANSPORTATION :	NOTES:

Packing List

CLOTHING

- ☐ Long-sleeved shirts
- ☐ Comfortable walking shoes
- ☐
- ☐
- ☐
- ☐
- ☐
- ☐
- ☐
- ☐
- ☐
- ☐
- ☐
- ☐
- ☐
- ☐

ÉLECTRONICS

- ☐ PHONE CHARGER
- ☐
- ☐
- ☐
- ☐
- ☐

ACCESSOIRIES

- ☐ CAMERA
- ☐
- ☐
- ☐
- ☐
- ☐
- ☐
- ☐
- ☐

Packing List

DOCUMENTS

- [ ] PASSPORT
- [ ]
- [ ]
- [ ]
- [ ]
- [ ]
- [ ]
- [ ]
- [ ]
- [ ]

TOILETTERIES

- [ ] Toothbrush, toothpaste,
- [ ]
- [ ]
- [ ]
- [ ]

HEALTH

- [ ] Diarrhea/laxative medicines
- [ ]
- [ ]
- [ ]
- [ ]
- [ ]

OTHERS

- [ ]
- [ ]
- [ ]
- [ ]
- [ ]
- [ ]
- [ ]
- [ ]

List of things to do before you travel

- ☐ Get the right visas

- ☐ Charge your electronics before you leave

- ☐ Print copies of your accommodation reservation

- ☐ Bring some snacks for the airplane or airport

- ☐ Always carry a small amount of cash with you

- ☐
- ☐
- ☐
- ☐
- ☐
- ☐
- ☐
- ☐
- ☐
- ☐
- ☐

List of things to do before you travel

- [ ]
- [ ]
- [ ]
- [ ]
- [ ]
- [ ]
- [ ]
- [ ]
- [ ]
- [ ]
- [ ]
- [ ]
- [ ]
- [ ]
- [ ]
- [ ]
- [ ]

LOCATIONS TO VISIT

- ▢ Mount Arafat
- ▢ Station of Ibrahim
- ▢ Makkah Mall
- ▢ Jabal al-Nour
- ▢ Kaaba
- ▢
- ▢
- ▢
- ▢
- ▢
- ▢
- ▢
- ▢
- ▢
- ▢

LOCATIONS TO VISIT

- [ ]
- [ ]
- [ ]
- [ ]
- [ ]
- [ ]
- [ ]
- [ ]
- [ ]
- [ ]
- [ ]
- [ ]
- [ ]
- [ ]
- [ ]

Daily Agenda

DATE : _____   LOCATION: _____

HOUR	ACTIVITIES:

PRAYER/SALAT TODAY

Date: ....

Fajr:

Dhuhr:

Asr:

Maghrib:

Isha:

Ayah For Today

_____

_____

_____

Hadith For Today

_____

_____

_____

Dua For Today

_____

_____

_____

Today I am Thankful For

_____

_____

_____

To Do (inshaALLAH)

Date:

- ☐ _____
- ☐ _____
- ☐ _____

- ☐ _____
- ☐ _____
- ☐ _____

- ☐ _____
- ☐ _____
- ☐ _____

- ☐ _____
- ☐ _____
- ☐ _____

NOTES

Date:

_____

_____

_____

_____

_____

_____

_____

_____

_____

Daily Agenda

DATE :   LOCATION:

HOUR	ACTIVITIES:

PRAYER/SALAT TODAY

Date: ....

Fajr:

Dhuhr:

Asr:

Maghrib:

Isha:

Ayah For Today

_____

_____

_____

Hadith For Today

_____

_____

_____

Dua For Today

_____

_____

_____

Today I am Thankful For

_____

_____

_____

To Do (inshaALLAH)

Date:

- [ ] _____
- [ ] _____
- [ ] _____

- [ ] _____
- [ ] _____
- [ ] _____

- [ ] _____
- [ ] _____
- [ ] _____

- [ ] _____
- [ ] _____
- [ ] _____

NOTES

Date:

Daily Agenda

DATE : _____   LOCATION: _____

HOUR	ACTIVITIES:

PRAYER/SALAT TODAY

Date: ....

Fajr:

Dhuhr:

Asr:

Maghrib:

Isha:

Ayah For Today

_____

_____

_____

Hadith For Today

_____

_____

_____

Dua For Today

_____

_____

_____

Today, I am Thankful For

_____

_____

_____

To Do (inshaALLAH)

Date:

- ☐ _____
- ☐ _____
- ☐ _____

- ☐ _____
- ☐ _____
- ☐ _____

- ☐ _____
- ☐ _____
- ☐ _____

- ☐ _____
- ☐ _____
- ☐ _____

NOTES

Date:

Daily Agenda

DATE :   LOCATION:

HOUR	ACTIVITIES:

PRAYER/SALAT TODAY

Date: ....

Fajr:

Dhuhr:

Asr:

Maghrib:

Isha:

Ayah For Today

_____

_____

_____

Hadith For Today

_____

_____

_____

Dua For Today

_____

_____

_____

Today, I am Thankful For

_____

_____

_____

To Do (inshaALLAH)

Date:

- ☐ _____
- ☐ _____
- ☐ _____

- ☐ _____
- ☐ _____
- ☐ _____

- ☐ _____
- ☐ _____
- ☐ _____

- ☐ _____
- ☐ _____
- ☐ _____

NOTES

Date:

Daily Agenda

DATE : _____   LOCATION: _____

HOUR	ACTIVITIES:

PRAYER/SALAT TODAY

Date: ....

Fajr:

Dhuhr:

Asr:

Maghrib:

Isha:

Ayah For Today

_____

_____

_____

Hadith For Today

_____

_____

_____

Dua For Today

_____

_____

_____

Today, I am Thankful For

_____

_____

_____

To Do (inshaALLAH)

Date: _____

- [ ] _____
- [ ] _____
- [ ] _____

- [ ] _____
- [ ] _____
- [ ] _____

- [ ] _____
- [ ] _____
- [ ] _____

- [ ] _____
- [ ] _____
- [ ] _____

NOTES

Date:

Daily Agenda

DATE : _____ LOCATION: _____

HOUR	ACTIVITIES:

PRAYER/SALAT TODAY

Date: ....

Fajr:

Dhuhr:

Asr:

Maghrib:

Isha:

Ayah For Today

_____

_____

_____

Hadith For Today

_____

_____

_____

Dua For Today

_____

_____

_____

Today, I am Thankful For

_____

_____

_____

To Do (inshaALLAH)

Date:

- [ ] _____
- [ ] _____
- [ ] _____

- [ ] _____
- [ ] _____
- [ ] _____

- [ ] _____
- [ ] _____
- [ ] _____

- [ ] _____
- [ ] _____
- [ ] _____

NOTES

Date:

Daily Agenda

DATE : _____   LOCATION: _____

HOUR	ACTIVITIES:

PRAYER/SALAT TODAY

Date: ....

Fajr:

Dhuhr:

Asr:

Maghrib:

Isha:

Ayah For Today

_____

_____

_____

Hadith For Today

_____

_____

_____

Dua For Today

_____

_____

_____

Today I am Thankful For

_____

_____

_____

To Do (inshaALLAH)

Date:

- ☐ _____
- ☐ _____
- ☐ _____

- ☐ _____
- ☐ _____
- ☐ _____

- ☐ _____
- ☐ _____
- ☐ _____

- ☐ _____
- ☐ _____
- ☐ _____

NOTES

Date:

Daily Agenda

DATE :   LOCATION:

HOUR	ACTIVITIES:

PRAYER/SALAT TODAY

Date: ....

Fajr:

Dhuhr:

Asr:

Maghrib:

Isha:

Ayah For Today

_____

_____

_____

Hadith For Today

_____

_____

_____

Dua For Today

_____

_____

_____

Today I am Thankful For

_____

_____

_____

To Do (inshaALLAH)

Date: _____

- [ ] _____
- [ ] _____
- [ ] _____

- [ ] _____
- [ ] _____
- [ ] _____

- [ ] _____
- [ ] _____
- [ ] _____

- [ ] _____
- [ ] _____
- [ ] _____

NOTES

Date:

Daily Agenda

DATE : _____   LOCATION: _____

HOUR	ACTIVITIES:

PRAYER/SALAT TODAY

Date: ....

Fajr: ▢

Dhuhr: ▢

Asr: ▢

Maghrib: ▢

Isha: ▢

Ayah For Today

_____

_____

_____

Hadith For Today

_____

_____

_____

Dua For Today

_____

_____

_____

Today I am Thankful For

_____

_____

_____

To Do (inshaALLAH)

Date:

- ☐ _____
- ☐ _____
- ☐ _____
- ☐ _____
- ☐ _____
- ☐ _____
- ☐ _____
- ☐ _____
- ☐ _____
- ☐ _____
- ☐ _____
- ☐ _____

NOTES

Date:

_____

_____

_____

_____

_____

_____

_____

_____

_____

_____

Daily Agenda

DATE :   LOCATION:

HOUR	ACTIVITIES:

PRAYER/SALAT TODAY

Date: ....

Fajr:

Dhuhr:

Asr:

Maghrib:

Isha:

Ayah For Today

_____

_____

_____

Hadith For Today

_____

_____

_____

Dua For Today

_____

_____

_____

Today, I am Thankful For

_____

_____

_____

To Do (inshaALLAH)

Date:

- [ ] _____
- [ ] _____
- [ ] _____

- [ ] _____
- [ ] _____
- [ ] _____

- [ ] _____
- [ ] _____
- [ ] _____

- [ ] _____
- [ ] _____
- [ ] _____

NOTES

Date:

_____

_____

_____

_____

_____

_____

_____

_____

_____

_____

_____

Daily Agenda

DATE :   LOCATION:

HOUR	ACTIVITIES:

PRAYER/SALAT
TODAY

Date: ....

Fajr:

Dhuhr:

Asr:

Maghrib:

Isha:

Ayah For Today

_____

_____

_____

Hadith For Today

_____

_____

_____

Dua For Today

_____

_____

_____

Today I am Thankful For

_____

_____

_____

To Do (inshaALLAH)

Date:

- ☐ _____
- ☐ _____
- ☐ _____

- ☐ _____
- ☐ _____
- ☐ _____

- ☐ _____
- ☐ _____
- ☐ _____

- ☐ _____
- ☐ _____
- ☐ _____

NOTES

Date:

Daily Agenda

DATE : _____ LOCATION: _____

HOUR	ACTIVITIES:

PRAYER/SALAT TODAY

Date: ....

Fajr:

Dhuhr:

Asr:

Maghrib:

Isha:

Ayah For Today

_____

_____

_____

Hadith For Today

_____

_____

_____

Dua For Today

_____

_____

_____

Today I am Thankful For

_____

_____

_____

To Do (inshaALLAH)

Date:

- [ ] _____
- [ ] _____
- [ ] _____

- [ ] _____
- [ ] _____
- [ ] _____

- [ ] _____
- [ ] _____
- [ ] _____

- [ ] _____
- [ ] _____
- [ ] _____

NOTES

Date:

Daily Agenda

DATE : _____   LOCATION: _____

HOUR	ACTIVITIES:

PRAYER/SALAT TODAY

Date: ....

Fajr:

Dhuhr:

Asr:

Maghrib:

Isha:

Ayah For Today

_____

_____

_____

Hadith For Today

_____

_____

_____

Dua For Today

_____

_____

_____

Today I am Thankful For

_____

_____

_____

To Do (inshaALLAH)

Date:

- [ ] _____
- [ ] _____
- [ ] _____
- [ ] _____
- [ ] _____
- [ ] _____
- [ ] _____
- [ ] _____
- [ ] _____
- [ ] _____
- [ ] _____
- [ ] _____

NOTES

Date:

Daily Agenda

DATE :   LOCATION:

HOUR	ACTIVITIES:

PRAYER/SALAT TODAY

Date: ....

Fajr:

Dhuhr:

Asr:

Maghrib:

Isha:

Ayah For Today,

_____

_____

_____

Hadith For Today,

_____

_____

_____

Dua For Today,

_____

_____

_____

Today, I am Thankful For

_____

_____

_____

To Do (inshaALLAH)

Date:

- ☐ _____
- ☐ _____
- ☐ _____

- ☐ _____
- ☐ _____
- ☐ _____

- ☐ _____
- ☐ _____
- ☐ _____

- ☐ _____
- ☐ _____
- ☐ _____

NOTES

Date:

Daily Agenda

DATE :   LOCATION:

HOUR	ACTIVITIES:

PRAYER/SALAT TODAY

Date: ....

Fajr:

Dhuhr:

Asr:

Maghrib:

Isha:

Ayah For Today

_____

_____

_____

Hadith For Today

_____

_____

_____

Dua For Today

_____

_____

_____

Today I am Thankful For

_____

_____

_____

To Do (inshaALLAH)

Date:

- [ ] _____
- [ ] _____
- [ ] _____
- [ ] _____
- [ ] _____
- [ ] _____
- [ ] _____
- [ ] _____
- [ ] _____
- [ ] _____
- [ ] _____
- [ ] _____

NOTES

Date:

Daily Agenda

DATE :   LOCATION:

HOUR	ACTIVITIES:

PRAYER/SALAT TODAY

Date: ....

Fajr:

Dhuhr:

Asr:

Maghrib:

Isha:

Ayah For Today

_____

_____

_____

Hadith For Today

_____

_____

_____

Dua For Today

_____

_____

_____

Today I am Thankful For

_____

_____

_____

To Do (inshaALLAH)

Date: _____

- ☐ _____
- ☐ _____
- ☐ _____

- ☐ _____
- ☐ _____
- ☐ _____

- ☐ _____
- ☐ _____
- ☐ _____

- ☐ _____
- ☐ _____
- ☐ _____

NOTES

Date:

Daily Agenda

DATE :   LOCATION:

HOUR	ACTIVITIES:

PRAYER/SALAT TODAY

Date: ....

Fajr: ☐

Dhuhr: ☐

Asr: ☐

Maghrib: ☐

Isha: ☐

Ayah For Today

_____

_____

_____

Hadith For Today

_____

_____

_____

Dua For Today

_____

_____

_____

Today I am Thankful For

_____

_____

_____

To Do (inshaALLAH)

Date:

- [ ] _____
- [ ] _____
- [ ] _____
- [ ] _____
- [ ] _____
- [ ] _____
- [ ] _____
- [ ] _____
- [ ] _____
- [ ] _____
- [ ] _____
- [ ] _____

NOTES

Date:

Daily Agenda

DATE :   LOCATION:

HOUR	ACTIVITIES:

PRAYER/SALAT TODAY

Date: ....

Fajr:

Dhuhr:

Asr:

Maghrib:

Isha:

Ayah For Today

_____

_____

_____

Hadith For Today

_____

_____

_____

Dua For Today

_____

_____

_____

Today I am Thankful For

_____

_____

_____

To Do (inshaALLAH)

Date:

- ☐ _____
- ☐ _____
- ☐ _____

- ☐ _____
- ☐ _____
- ☐ _____

- ☐ _____
- ☐ _____
- ☐ _____

- ☐ _____
- ☐ _____
- ☐ _____

NOTES

Date:

Daily Agenda

DATE :   LOCATION:

HOUR	ACTIVITIES:

PRAYER/SALAT TODAY

Date: ....

Fajr:

Dhuhr:

Asr:

Maghrib:

Isha:

Ayah For Today

_____

_____

_____

Hadith For Today

_____

_____

_____

Dua For Today

_____

_____

_____

Today, I am Thankful For

_____

_____

_____

To Do (inshaALLAH)

Date:

- ☐ _____
- ☐ _____
- ☐ _____

- ☐ _____
- ☐ _____
- ☐ _____

- ☐ _____
- ☐ _____
- ☐ _____

- ☐ _____
- ☐ _____
- ☐ _____

NOTES

Date:

_____

_____

_____

_____

_____

_____

_____

_____

_____

_____

Daily Agenda

DATE :   LOCATION:

HOUR	ACTIVITIES:

PRAYER/SALAT TODAY

Date: ....

Fajr:

Dhuhr:

Asr:

Maghrib:

Isha:

Ayah For Today

Hadith For Today

Dua For Today

Today, I am Thankful For

To Do (inshaALLAH)

Date:

- ☐ _____
- ☐ _____
- ☐ _____

- ☐ _____
- ☐ _____
- ☐ _____

- ☐ _____
- ☐ _____
- ☐ _____

- ☐ _____
- ☐ _____
- ☐ _____

NOTES

Date:

_____

_____

_____

_____

_____

_____

_____

_____

_____

_____

Daily Agenda

DATE :   LOCATION:

HOUR	ACTIVITIES:

PRAYER/SALAT TODAY

Date: ....

Fajr:

Dhuhr:

Asr:

Maghrib:

Isha:

Ayah For Today

_____

_____

_____

Hadith For Today

_____

_____

_____

Dua For Today

_____

_____

_____

Today I am Thankful For

_____

_____

_____

To Do (inshaALLAH)

Date:

- [ ] _____
- [ ] _____
- [ ] _____

- [ ] _____
- [ ] _____
- [ ] _____

- [ ] _____
- [ ] _____
- [ ] _____

- [ ] _____
- [ ] _____
- [ ] _____

NOTES

Date:

_____

_____

_____

_____

_____

_____

_____

_____

_____

_____

Made in United States
North Haven, CT
04 April 2022

17881909R00069